全民阅读
阶梯文库

总主编　顾之川

阶梯阅读 **7** 岁

白云亲了蓝天一下

本册编者　吴庆芳　喻祖亮

领读者　聂震宁　高洪波　金波

扫一扫，尽享本书
配套音频，感受听书乐趣！

上海交通大学出版社
SHANGHAI JIAO TONG UNIVERSITY PRESS

内容提要

　　"全民阅读·阶梯文库"丛书借鉴国外分级阅读理念,根据 0～18 岁不同年龄段读者的心智特点与认知水平编写,标识明确的年龄段,由易到难,循序渐进。按照体裁或内容划分单元,涵盖诗词曲赋、文史哲经、科普科幻等方向。

　　本书主要包括四个部分,分别是童谣童诗、现代美文、古诗和蒙学经典,选文题材广泛,语言流畅优美,兼具知识性和趣味性。每篇文章设有"阅读点拨",每个单元后附有"我思我行",有利于读者加深对文章的理解,拓展实践能力,提升阅读水平。

图书在版编目(CIP)数据

阶梯阅读. 7 岁:白云亲了蓝天一下/吴庆芳,喻祖亮编. 一上海:上海交通大学出版社,2018
ISBN 978 - 7 - 313 - 18676 - 8

Ⅰ.①阶… Ⅱ.①吴…②喻… Ⅲ.①阅读课-小学-教学参考资料 Ⅳ.①G624.233

中国版本图书馆 CIP 数据核字(2017)第 329373 号

阶梯阅读 7 岁·白云亲了蓝天一下

编　　者:	吴庆芳　喻祖亮			
出版发行:	上海交通大学出版社	地　　址:	上海市番禺路 951 号	
邮政编码:	200030	电　　话:	021 - 64071208	
出 版 人:	谈　毅			
印　　制:	常熟市文化印刷有限公司	经　　销:	全国新华书店	
开　　本:	880mm×1230mm　1/32	印　　张:	3.75	
字　　数:	83 千字			
版　　次:	2018 年 1 月第 1 版	印　　次:	2018 年 1 月第 1 次印刷	
书　　号:	ISBN 978 - 7 - 313 - 18676 - 8/G			
定　　价:	25.00 元			

版权所有　侵权必究
告读者:如发现本书有印装质量问题请与印刷厂质量科联系
联系电话:0512 - 52219025

分册编者

马歆乐	陈敏倩	刘素芳	王 芳
袁 惠	张小娟	喻祖亮	沈 俊
张红梅	雷光梅	易灿华	丁连忠
孙文莲	李传方	孟 娜	郑祚军
阎义长	李 铭	苑子轩	盛 宏
祝世峰	朱俊峰	杜德林	宋亚科
杨 韧	张 锐	程玉玲	盛江伟
田丽维	李占良	尹 琦	何 萍
姜 丹	杨晓霞	许红兵	季龙刚
刘英传	高 虹	杨晓明	张宏强
范文涛	苗 锋	信旭东	孙 玉
宋 宇	刘卫民	杨 琼	

（以上排名不分先后）

目 录

第一单元 童谣童诗伴童年

第一单元

童谣童诗伴童年

"虫虫飞,虫虫飞,飞到草地喝露水……"我们在童谣声中认识多彩世界,了解生活常识,养成良好习惯。"妈妈的爱,像我家的水龙头,关紧了,它还是流……"我们在儿童诗中感受人间真情,体验美好生活。

亲爱的孩子们,就让有趣的童谣和优美的儿童诗陪伴我们一天一天长大吧!

都是好孩子

圣野

张家有个小胖子，
自己穿衣穿袜子，
还给妹妹梳辫子。

李家有个小柱子，
天天起来叠被子，
打水扫地擦桌子。

周家有个小豆子，
捡到一个皮夹子，
还给后院大婶子。

xiǎo pàng zi　xiǎo zhù zi
小 胖 子 ，小 柱 子 ，

hái yǒu xiǎo dòu zi
还 有 小 豆 子 ，

tā men dōu shì hǎo hái zi
他 们 都 是 好 孩 子 。

（选自《新编儿歌365》，浙江少年儿童出版社2012年版，略有改动）

阅读点拨

穿袜子、梳辫子、叠被子、擦桌子、还皮夹子……做好点点滴滴的小事，让你、我、他成长为一个个好孩子。

zhēng yuè shí wǔ yuè ér míng
正 月 十 五 月 儿 明

běi jīng lǎo tóng yáo
北 京 老 童 谣

zhēng yuè shí wǔ yuè ér míng
正 月 十 五 月 儿 明 ，

jiā jiā hù hù nào huā dēng
家 家 户 户 闹 花 灯。

zǒu mǎ dēng píng qì zhuàn
走 马 灯，凭 气 转，

zhuàn chū yí piàn hǎo fēng jǐng
转 出 一 片 好 风 景。

sān niáng tuī mò jiǎo tī jiàn
三 娘 推 磨 脚 踢 毽，

lǚ bù dà nào fèng yí tíng
吕 布 大 闹 凤 仪 亭，

kǒng míng shǒu ná yǔ máo shàn
孔 明 手 拿 羽 毛 扇，

liú bèi zhāo qīn xià jiāng dōng
刘 备 招 亲 下 江 东。

(选自《中国歌谣集成·北京卷》，湖北教育出版社 2011 年版，略有改动)

阅读点拨

元宵节闹花灯真有意思！花灯可以让我们在喜庆的节日气氛中学到不少知识。小朋友，你闹过花灯吗？要是没闹过，就去问问爷爷奶奶吧！

中秋节

民间童谣

月儿斜，

中秋节，

又吃月饼又供兔儿爷。

穿新袜，换新鞋，

也跟奶，

也跟姐，

上趟前门逛趟街。

（选自《中国传统童谣书系·家庭珍藏版》，接力出版社 2012 年版）

阅读点拨

　　小朋友们,这首民间童谣带有浓郁的地方特色。中秋节是我国的传统节日,节庆习俗更是丰富多彩,诵读这样的童谣既可以帮助我们了解传统文化,又可以让我们发现各地的一些风俗民情哦!

cóng qián yǒu zuò shān
从前有座山

mín jiān tóng yáo
民间童谣

cóng qián yǒu zuò shān
从前有座山,

shān shàng yǒu zuò miào
山上有座庙,

miào lǐ yǒu kǒu gāng
庙里有口缸,

gāng lǐ yǒu gè pénr
缸 里 有 个 盆 儿，

pén lǐ yǒu gè wǎnr
盆 里 有 个 碗 儿，

wǎn lǐ yǒu gè sháor
碗 里 有 个 勺 儿，

sháo lǐ yǒu kuài ròu
勺 里 有 块 肉，

wǒ chī le
我 吃 了，

nǐ chán le
你 馋 了，

zhè ge gù shi jiǎng wán le
这 个 故 事 讲 完 了。

（选自《中国传统童谣书系·家庭珍藏版》，接力出版社 2012 年版）

阅读点拨

在这首童谣里，一件件相互联系的事物依次出现，一个比一个小，很有规律，可结尾却出人意料，十分幽默。小朋友，你能感受到这种幽默趣味中所饱含的快乐吗？

huáng dòu jiá
黄 豆 荚

téng yù xù
滕 毓 旭

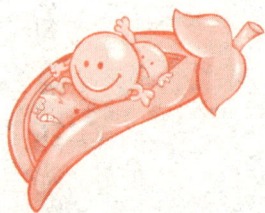

huáng dòu jiá
黄 豆 荚，

zhēn kě ài
真 可 爱，

lǐ miàn zhù mǎn dòu guāi guai
里 面 住 满 豆 乖 乖。

qiū tiān dào
秋 天 到，

fáng mén kāi
房 门 开，

dòu guāi guai ya tiào chū lái
豆 乖 乖 呀 跳 出 来。

pái zhe duì
排 着 队，

yī èr yī
一 二 一，

zǒu jìn nóng mín dà kǒu dài
走 进 农 民 大 口 袋。

（选自《亲近母语·日有所诵》，长春出版社 2011 年版）

阅读点拨

　　小朋友们，一颗颗黄豆就是一个个可爱的"豆乖乖"。作者把一颗颗黄豆当作人来写，赋予这首儿歌十足的趣味，同时也把庄稼成熟后农民的喜悦心情展现得一览无余。小朋友们可以边诵读，边扮演"豆乖乖"，蹦蹦跳跳地玩一回。

shén me gē
什 么 歌

fán fā jià
樊 发 稼

shén me hé bù jié bīng
什 么 河，不 结 冰？
shén me niú bù gēng dì
什 么 牛，不 耕 地？

shén me huā   bù jiē guǒ
什 么 花 ,不 结 果 ?

shén me bù   bù néng féng yī shang
什 么 布 ,不 能 缝 衣 裳 ?

tiān shàng yín hé bù jié bīng
天 上 银 河 不 结 冰 ,

dì shàng wō niú bù gēng dì
地 上 蜗 牛 不 耕 地 ,

hǎi lǐ làng huā bù jiē guǒ
海 里 浪 花 不 结 果 ,

shān jiān pù bù bù néng féng yī shang
山 间 瀑 布 不 能 缝 衣 裳 。

（选自《亲近母语·日有所诵》,长春出版社 2011 年版）

阅读点拨

　　这是一首类似于"脑筋急转弯"的问答歌。这样的儿歌一般以自问自答的形式出现,小朋友们可以一边读,一边积极思考,在问答中获得知识与快乐。

对 表

圣 野

嘟 嘟 嘟，

谁 在 叫？

原 来 北 京 时 间 到。

每 天 对 上 一 次 表，

心 和 祖 国 一 起 跳。

（选自《新编儿歌365》，浙江少年儿童出版社2012年版）

阅读点拨

　　这首小诗通过与收音机里的报时信号"对表"这样一个生活细节,表达了诗人的爱国情怀。"对表"的人也许是大人,也许是小孩,诵读这首儿歌,会时时感受到自己的心和祖国一起跳动,热爱祖国的思想感情油然而生。

bái yún qīn le lán tiān yí xià
白云亲了蓝天一下

lóu shū jiàn
楼淑建

bái yún qīn lán tiān yí xià
白云亲蓝天一下,

lán tiān qīn xiǎo niǎo yí xià
蓝天亲小鸟一下,

xiǎo niǎo qīn fēng ér yí xià
小鸟亲风儿一下,

fēng ér qīn fēng zheng yí xià
风 儿 亲 风 筝 一 下,

fēng zheng de xiàn qīn le wǒ de shǒu yí xià
风 筝 的 线 亲 了 我 的 手 一 下。

wǒ de shēng yīn qīn le bà ba de ěr duo hǎo jǐ xià
我 的 声 音 亲 了 爸 爸 的 耳 朵 好 几 下。

（选自《新经典日日诵》，湖北教育出版社 2011 年版）

阅读点拨

白云只是亲了蓝天一下，竟发生了这么多故事，让世界变得这么复杂，但是又很温暖。可以想象一下：如果小朋友的屁股亲了大地一下，鞋尖亲了石头一下，舌头被冰淇淋亲了好几下，又会有什么好玩的故事发生呢？

花 和 蝴 蝶

林 焕 彰

花 是 不 会 飞 的 蝴 蝶，

蝴 蝶 是 会 飞 的 花。

蝴 蝶 是 会 飞 的 花，

花 是 不 会 飞 的 蝴 蝶。

花 是 蝴 蝶，

蝴 蝶 也 是 花。

（选自《亲近母语·日有所诵》，长春出版社 2011 年版）

阅读点拨

"花是蝴蝶,蝴蝶也是花",多么美妙的想象!仿照这首诗,让我们也做一个富于想象的小诗人:"灯光是星星,星星也是灯光""叶子是小船,小船也是叶子"……多好玩啊!

轻 轻

寒 枫

轻 轻 的 云朵 ,

轻 轻 的 风 。

轻 轻 的 柳条 ,

轻 轻 地 动 。

qīng qīng de xiǎo chuán
轻 轻 的 小 船，

qīng qīng de huá
轻 轻 地 划，

qīng qīng de jiǎng shēng xiǎng bù tíng
轻 轻 的 桨 声 响 不 停。

wǒ qīng qīng de chàng zhī huá chuán gē
我 轻 轻 地 唱 支 划 船 歌，

qīng qīng shì wǒ
"轻 轻 是 我，

wǒ shì qīng qīng
我 是 轻 轻。"

（选自《幼儿文学作品选》，南开大学出版社 2014 年 8 月版）

阅读点拨

因为风轻，所以云飘逸(yì)；因为风轻，所以柳飘摇；因为风轻，所以船飘荡，心飘飞。一切都"轻轻"，是因为我"轻轻"。诗人为我们创造出柔美悠闲的意境，让我们轻轻地读，静静地想……

筷子

李飞鹏

爸爸每天去打鱼
爸爸的手
是我们家的筷子
伸到海里去
把鱼虾夹回来

（选自《日有所诵·小学一年级》，福建少年儿童出版社 2008 年 8 月版）

　　孩子的世界充满了奇特的想象,原来爸爸的手是一双筷子,一双长长的筷子,这双筷子换来的是幸福与满足。亲爱的小朋友,爸爸的手还像什么呢?

灯 和 星
孙华文

我住长江边,

我是地上的灯。

你住银河岸,

你是天上的星。

wǒ men yòng yǎn jing tán huà
我 们 用 眼 睛 谈 话，

zhǐ yǒu zì jǐ tīng de qīng
只 有 自 己 听 得 清。

wǒ men yì qǐ bǎ tiān shàng dì shàng
我 们 一 起 把 天 上 地 上

zhào de liàng jīng jīng
照 得 亮 晶 晶。

（选自《365 夜儿歌》，江苏美术出版社 2013 年 1 月版）

阅读点拨

　　一个在长江边，一个在银河岸；一个是地上的灯，一个是天上的星。彼此相隔那么远，却又靠得这么近，因为一个美好的约定让它们心意相通。这样一个夜晚，它们究竟说了些什么呢？小朋友们，猜一猜吧！

小 鸟 音 符
xiǎo niǎo yīn fú

柯 岩
kē yán

xiǎo niǎo xiǎo niǎo
小鸟，小鸟，

nǐ men wèi shén me
你们为什么，

bú zuò zài gāo gāo de shù shāo
不坐在高高的树梢？

xiǎo niǎo xiǎo niǎo
小鸟，小鸟，

nǐ men wèi shén me
你们为什么，

zài diàn xiàn shàng lái huí tiào yuè
在电线上来回跳跃？

míng bai le míng bai le
明白了，明白了，

nǐ men cuò bǎ diàn xiàn dàng chéng wǔ xiàn pǔ le
你们错把电线当成五线谱了。

xiǎo niǎo yīn fú
小鸟音符，

020

à yīn fú xiǎo niǎo
啊，音符小鸟——
duō me měi lì de qǔ diào
多么美丽的曲调……

（选自《中国经典童诗》，河北教育出版社 2011 年版）

阅读点拨

柯岩奶奶的这首小诗描写的是停在电线杆上的小鸟，就像美丽的音符，给春天带来勃勃生机。请你说说看，那五线谱指的是什么呢？

guān bú zhù de ài
关 不 住 的 爱

chén niàn cí
陈 念 慈

mā ma de ài
妈妈的爱，
xiàng wǒ jiā de shuǐ lóng tóu
像我家的水龙头，

guān jǐn le
关 紧 了,

tā hái shì liú
它 还 是 流。

yì dī shuǐ kàn bú jiàn
一 滴 水 , 看 不 见,

liǎng dī shuǐ yě kàn bú jiàn
两 滴 水 ,也 看 不 见,

shuǐ mǎn le
水 满 了,

wǒ kàn jiàn le
我 看 见 了,

wǒ kàn jiàn le mā ma de ài
我 看 见 了 妈 妈 的 爱,

mā ma de ài hǎo shēn ò
妈 妈 的 爱 好 深 哦!

(选自《语文报·小学版》,语文报社 2016 年第 5 期)

阅读点拨

　　每一位妈妈都爱自己的孩子,妈妈的爱就在我们的周围,你看见了吗? 妈妈的爱就像那个关不紧的水龙头,一滴、一滴、又一滴……汇成了深深的母爱。

狐狸打赌

高洪波

狐狸和灰狼打赌，

说能够虎口里拔牙。

灰狼马上下了赌注

——十只香喷喷的烤鸭。

狐狸把巧克力糖果，

不断地送给老虎妈妈。

还趁她不注意时，

偷走了小老虎的牙刷。

jié guǒ bú dào yí gè yuè de shí jiān
结果不到一个月的时间，

xiǎo lǎo hǔ guǒ rán yào qù bá yá
小老虎果然要去拔牙。

hú li yòng zhè kē hǔ yá
狐狸用这颗虎牙，

yíng dé le shí zhī kǎo yā
赢得了十只烤鸭。

(选自《儿童诗歌精选》，人民文学出版社 2012 年版)

阅读点拨

　　这是一首寓言诗。小老虎吃巧克力糖果，不知是狐狸的计谋；狐狸还"偷走了小老虎的牙刷"，让小老虎没法刷牙。牙齿坏了，好痛啊，只好统统拔掉，于是灰狼输了。有趣的故事告诉小朋友们一个道理：爱护牙齿，就要天天刷牙，不可贪吃糖果。

听 春

金 波

房檐上的积雪化了,

春姑娘摇响了雨铃。

天空飞过雁阵,

湖水睁开了亮眼睛。

我听见蚯蚓在耕耘,

我听见蒲公英在播种。

蛋壳裂开了,

小鸟呼唤着妈妈。

shù zhī shàng zhàn kāi xīn yá
树枝上绽开新芽，

yuǎn yuǎn jìn jìn yí piàn lǜ méng méng
远远近近一片绿蒙蒙；

zhuó mù niǎo fēi lái fēi qù
啄木鸟飞来飞去，

zài wèi měi yì kē dà shù kòu zhěn
在为每一棵大树叩诊。

zài rè nào zhōng zài níng jìng zhōng
在热闹中，在宁静中，

wǒ tīng jiàn chūn tiān yǐ jīng lái lín
我听见春天已经来临。

（选自《儿童诗歌精选》，人民文学出版社 2012 年 6 月版）

阅读点拨

春天来临会有声音吗？"滴答滴答"，那是春雨落下的声音；"笃笃笃笃"，那是啄木鸟正在给大树治病的声音……只要用心聆听，你就能感受到春天来临的声音。

chā yāng
插 秧

zhān bīng
詹 冰

shuǐ tián shì jìng zi
水 田 是 镜 子，

zhào yìng zhe lán tiān
照 映 着 蓝 天，

zhào yìng zhe bái yún
照 映 着 白 云，

zhào yìng zhe qīng shān
照 映 着 青 山，

zhào yìng zhe lǜ shù
照 映 着 绿 树。

nóng mín zài chā yāng
农 民 在 插 秧，

chā zài lǜ shù shàng
插 在 绿 树 上，

chā zài qīng shān shàng
插 在 青 山 上，

chā zài bái yún shàng
插 在 白 云 上 ，

chā zài lán tiān shàng
插 在 蓝 天 上 。

(选自《中国新诗总系第 5 卷：1959—1969》，人民文学出版社 2010 年版)

阅读点拨

　　水田就像一面大镜子，有趣的是，你会发现，农民伯伯一会儿把秧插在绿树上，一会儿把秧插在白云和蓝天上，有时候，还插在自己身上呢！这奇妙的发现都是因为水田里有蓝天、白云、青山、绿树的影子……

shàn　　　liáng
善　　良

bǐ lì shí kǎ lái mǔ
[比利时] 卡莱姆

yào shì píng guǒ
要 是 苹 果 ，

zhǐ yǒu yí gè
只有一个，

tā zhǔn zhuāng bù mǎn dà jiā de tí lán
它准装不满大家的提篮。

yào shì píng guǒ shù
要是苹果树，

zhǐ yǒu yì kē
只有一棵，

guà píng guǒ de shù chà yě zhǔn fù bù mǎn yì yuán
挂苹果的树杈也准覆不满一园。

rán ér yí gè rén
然而一个人，

yào shì tā bǎ
要是他把

xīn líng de shàn liáng
心灵的善良，

fēn gěi dà jiā
分给大家，

nà jiù dào chù dōu huì yǒu míng lì de guāng
那就到处都会有明丽的光，

jiù xiàng tián tián de guǒ ér guà mǎn le guǒ yuán
就像甜甜的果儿挂满了果园。

（选自《语文报·小学版》，语文报社 2016 年第 8 期）

阅读点拨

　　瞧！有苹果，还有苹果树，这真是一首香香甜甜的小诗！诗人将苹果和苹果树与人们美好的品质——善良作比较，让我们很容易理解到底什么是善良，这位诗人是不是很有办法？

我思我行

理解感悟

1. 在童谣《好孩子》中,为什么说"小胖子、小柱子、小妮子、小豆子,他们都是好孩子"? 说给爸爸妈妈听一听。

2. 读了柯岩奶奶的《小鸟音符》,你知道小鸟不坐在高高的树梢,而是在电线上来回跳跃的原因了吗? 说说看。

实践拓展

1. 我和大人一起做。
   读了《花和蝴蝶》后,有一位小朋友被诗人美妙的想象打动了,也仿写了一段呢!

> 荷叶是不能折叠的雨伞,
> 雨伞是能折叠的荷叶。

> 雨伞是能折叠的荷叶,
> 荷叶是不能折叠的雨伞。

> 荷叶是雨伞,
> 雨伞也是荷叶。

亲爱的小朋友,拿起你的笔,也来仿写一段诗歌吧!

2. 读了《关不住的爱》这首儿童诗,你在日常生活小事中是不是也感受到了爸爸妈妈对你一点一滴的关爱? 快来填在下面的表格中吧!（不会写的字用拼音代替）

时　间	爸爸妈妈对我的关爱
每天早上	
准备上学时	
放学回家后	

1. 《儿童诗歌精选》(谭旭东编选)

在儿童的成长过程中,儿童诗是不可或缺的精神食粮。推荐小朋友们读一读《儿童诗歌精选》。

2. 《新编儿歌 365》(圣野选编)

儿歌(含童谣)是最纯真、最自由、最快乐的歌,是我们孩提时代的好伙伴。小朋友们可以读读《新编儿歌 365》,你们将会在欢快的朗读声中健康成长。

第二单元

美文篇篇润心田

从古至今，历史给我们留下了一篇篇启迪智慧、滋润心田的美文。一篇篇美文或充满哲理，或语言优美，或情真意切……

本单元精选了一些富有儿童生活情趣，适合小朋友阅读的美文。我们可以在富有感情的朗读中，品味文章优美的语言，体会作者真挚的情感，从而让我们的心灵变得更纯洁、更美好！

小树叶童话（节选）

金 波

有一位老爷爷，他身边没有一个亲人，他就种了一棵小树。

他每天早晨起床后，要做的第一件事，就是给小树浇水，他还要数一数小树今天长出了几片叶子。

他累了，就坐在小树身边，闭上眼睛养神儿。

他最爱听风儿吹动树叶的

shēng yīn huā lā　　 huā lā　jiù xiàng gǔ zhǎng
声 音：哗 啦——哗 啦，就 像 鼓 掌。

tīng zhe tīng zhe lǎo yé ye jiù xiào le
听 着 听 着 老 爷 爷 就 笑 了。

（节选自《影子人》，江苏少年儿童出版社 2010 年版）

阅读点拨

　　朴实的语言中饱含浓浓的情感，我们读的时候，就像在读一首优美动人的诗歌，眼前有一幅和谐美好的画面：老爷爷和小树互相依赖、互相帮助，他们就像是爷孙俩。

bèn gǒu xióng qǐng kè
笨 狗 熊 请 客

fán fā jià
樊 发 稼

bèn gǒu xióng yǒu hǎo duō péng you
笨 狗 熊 有 好 多 朋 友：

山猴啦，羚羊啦，野猪啦，斑马啦，犀牛啦，兔子啦，花猫啦，等等。

笨狗熊要在他生日那天请朋友们来吃饭。

笨狗熊刚刚搬过家，大伙儿都不知道他现在住的房子在哪儿。

他决定给每一个朋友写一封信。

他寻思：我应该在信上把我家新房子的标记告诉朋友们。

笨狗熊走出房子看了看，瞅

见房顶上正栖息着一只白色的

鸽子。

笨狗熊高兴极了，不禁自言

自语地说："对，就这么做！我在信

上说，我家房顶上有一只白鸽，

这就是标记。这样，朋友们一定

很容易就认出我的新房子了！"

生日那天，笨狗熊为朋友

们准备了十分丰盛的饭菜。屋

里屋外收拾得整整齐齐，干干

净净。

但是，笨狗熊从清早一直

děng dào tiān hēi shǐ zhōng bú jiàn yí gè kè rén lái
等 到 天 黑，始 终 不 见 一 个 客 人 来。

tā nà mèn jí le yě shāng xīn jí le
他 纳 闷 极 了，也 伤 心 极 了。

zhè jiū jìng shì zěn me huí shì ne
——这 究 竟 是 怎 么 回 事 呢？

cōng míng de xiǎo péng you qǐng nǐ kāi dòng
聪 明 的 小 朋 友，请 你 开 动

nǎo jīn xiǎng yi xiǎng
脑 筋 想 一 想。

（选自《樊发稼童话选粹》，中国言实出版社 2014 年 6 月版，有改动）

阅读点拨

这个童话故事真有趣！故事里的笨狗熊真是一只可爱的笨笨熊啊！亲爱的小朋友，你知道他的客人为什么都没有来吗？他用房顶上的白鸽做标记有什么不对吗？

太阳光的颜色

金地

小白兔想:"小鸟说太阳光是绿色的,小蜜蜂说太阳光是红色的,小青蛙说太阳光是黄色的……哟,他们说的都是自己喜爱的颜色。那么,太阳光到底是什么颜色呢?"小白兔想呀想呀……

这天,雨过天晴,天边出现了一道美丽的彩虹。

"对！我去问彩虹，她住在天上，一定会知道。"小白兔跑去大声问："彩虹阿姨，您知道太阳光是什么颜色的吗?"

彩虹说："小白兔，你先数一数我身上的颜色吧。"小白兔数起来："红、橙、黄、绿、青、蓝、紫。啊，一共七种颜色!"

彩虹阿姨说："对啦！我身上的七种颜色就是太阳公公给的。"

小白兔快活地说："我明白了。

yuán lái tài yáng guāng shì qī zhǒng yán sè zǔ chéng
原来，太阳光是七种颜色组成

de　xiè xie nín cǎi hóng ā yí
的。谢谢您，彩虹阿姨！"

（选自《自然科学童话》，九州出版社 2015 年版）

阅读点拨

　　这是一篇科学童话，作者用小朋友喜闻乐见的童话形式给我们讲述了一个科学知识——太阳光是由红、橙、黄、绿、青、蓝、紫七种颜色组成的。

chuán fū hé fēng
船 夫 和 风

lín yù chūn
林 玉 椿

chuán fū zài hé lǐ huá zhe jiǎng
船夫在河里划着桨。

风吹过来，对船夫说："我送你一程吧，这样你就不用这么费力了。"

船夫高兴地说："好呀好呀！"于是，风吹着船往前漂去。

船夫虽然轻松了，可还是觉得划桨是件麻烦事，便对风说："风啊，你能不能加大点力度，这样我就不用划桨了。"

风说："可以呀！"于是，风加大了力度，吹着船迅速在河里行驶。

船夫舒服极了，心想：既然

yǒu fēng le wǒ hái liú zhe jiǎng yǒu shén me yòng
有 风 了，我 还 留 着 桨 有 什 么 用

ne yú shì chuán fū bǎ jiǎng rēng jìn le hé lǐ
呢？于 是，船 夫 把 桨 扔 进 了 河 里。

guò le yí huìr fēng tíng le chuán zài
过 了 一 会 儿，风 停 了。 船 在

hé lǐ bú dòng le chuán fū jí le dà hǎn dào
河 里 不 动 了。 船 夫 急 了，大 喊 道：

fēng a nǐ kě bù néng rēng xià wǒ bù guǎn ya
"风 啊，你 可 不 能 扔 下 我 不 管 呀！"

fēng yuǎn yuǎn de duì tā shuō wǒ bāng de
风 远 远 地 对 他 说："我 帮 得

liǎo nǐ yì shí què bāng bù liǎo nǐ yí shì a
了 你 一 时，却 帮 不 了 你 一 世 啊！"

（选自《中国寓言佳作选》，辽宁少年儿童出版社 2014 年版，有改动）

阅读点拨

　　小朋友们，这是一则蕴含人生哲理的寓言故事。我们从风最后说的一句话中应该懂得：人要学会自立，不能把什么都寄托在别人身上，依赖别人的帮助。

农夫和他的孩子们

[古希腊]伊索

农夫临终时，想让他的孩子们懂得怎样种地，就把他们叫到跟前，说道："孩子们，葡萄园里有个地方埋藏着财宝。"农夫死后，孩子们用犁头和鹤嘴锄把土地都翻了一遍。他们没有找到财宝，可是葡萄却多了几倍的收成。

这个故事是说：勤劳就是人们的财宝。

（选自《伊索寓言》，人民文学出版社 1981 年版，罗念生等译）

阅读点拨

古希腊有很多有趣的民间故事，经后人加工，被编为《伊索寓言》，这是世界上最早的寓言故事集　本文就是其中的一则寓言，文中最后一句话告诉了我们这则寓言蕴含的道理，小朋友，你看明白了吗？

采花种子

蒲华清

秋天到了。阳台上的牵牛花，吹了一个春天的喇叭，吹了一个夏天的喇叭。吹累了，结成了一个个金黄色的圆壳儿。剥开圆壳，里面睡着两个黑娃娃——

两粒黑晶晶的牵牛花种子。

艳艳把无数黑娃娃放在彩
盘里，让它们甜甜地睡觉。睡一个
秋天的觉，睡一个冬天的觉。到
了春天，撒进土里，它们就会醒来。
醒来和艳艳相见，醒来又吹喇
叭……

秋天到了，艳艳天天在阳台
上采花种子。

（选自《启蒙故事365》，海天出版社2015年版）

阅读点拨

读完这篇美文，我们不禁赞叹：真美呀！文美，牵牛花美，艳艳的心灵更美！读完这篇美文，小朋友们不仅能获得美的享受，还能获得不少关于牵牛花的知识哦！

起床啦，教室！（节选）

［韩］黄善美

教室里一个人也没有。黑漆漆的教室看上去像在沉睡一般。我小心翼翼地把钥匙插进锁孔里，拧了起来，我听见锁被打开的

声音。居然能听见这么微小的
声音，真是太神奇了。

推开门，教室和我昨天走的
时候一模一样。

终于可以放心了，教室里滞
留的空气接触到我的皮肤，感觉
暖暖的，很亲切。教室似乎在沉睡。

我拉开窗帘，打开所有的
窗户，教室里一下子明亮了起
来，风吹进教室，窗帘、扁豆叶、
纸全都在随风飘动。

我轻声说了句：

yǐ jīng tiān liàng la   qǐ chuáng ba jiào shì
"已 经 天 亮 啦。起 床 吧,教 室!"

(选自《把日记藏起来的日子》,江苏少年儿童出版社 2015 年版,有删改)

阅读点拨

真有意思!作者把早晨没有一个人的教室拟人化了,说教室像是在"沉睡",教室好像立刻有了像我们人类一样的生命。小朋友们,老师经常说,要带着感情去读文章,指的就是这样一种方式哦!

yuè liang dǎo xīng xing chuán
月 亮 岛,星 星 船

zhāng chūn míng
张 春 明

yè wǎn hēi sè de tiān kōng xiàng wú biān
夜 晚,黑 色 的 天 空 像 无 边
de dà hǎi yuán yuán de yuè liang xiàng hǎi dǎo shǎn
的 大 海,圆 圆 的 月 亮 像 海 岛,闪

shǎn de xīng xing xiàng xiǎo chuán
闪 的 星 星 像 小 船。

nà yì zhī zhī xiǎo chuán zhěng yè liàng zhe
那 一 只 只 小 船，整 夜 亮 着

dēng guāng tā men zài máng shén me ne yě xǔ
灯 光，它 们 在 忙 什 么 呢？也 许，

chūn tiān de xiǎo yǔ diǎn hé dōng tiān de xiǎo xuě huā
春 天 的 小 雨 点 和 冬 天 的 小 雪 花，

dōu shì tā men yùn lái de ba
都 是 它 们 运 来 的 吧？

nà yuán yuán de yuè liang dǎo cháng cháng huì
那 圆 圆 的 月 亮 岛，常 常 会

xiāo shī yì duō bàn shì bèi zhǎng cháo de hǎi shuǐ yān
消 失 一 多 半，是 被 涨 潮 的 海 水 淹

mò le hái shì bèi chuán ér yùn lái de xiǎo yǔ diǎn
没 了，还 是 被 船 儿 运 来 的 小 雨 点、

xiǎo xuě huā gài zhù le ya
小 雪 花 盖 住 了 呀？

duō hǎo kàn de yuè liang dǎo duō máng lù
多 好 看 的 月 亮 岛！多 忙 碌

de xīng xing chuán ya
的 星 星 船 呀！

（选自 2012 年 3 月 7 日《语文报》）

阅读点拨

天空像大海,月亮像海岛,星星像小船,多么贴切的比喻!小雨点、小雪花是忙碌的星星船运来的,而月亮岛消失一多半,是被涨潮的海水淹没了……多么美妙的想象啊!

tài yáng nǐ shì fěn shuā jiàng ma
太阳,你是粉刷匠吗?

zhāng qiū shēng
张 秋 生

tài yáng nǐ shì fěn shuā jiàng ma
太阳,你是粉刷匠吗?
nǐ bǎ shā tān fěn shuā de jīn huáng jīn huáng
你把沙滩粉刷得金黄金黄,
jiù xiàng shì yì tiáo yòng huáng jīn pū shè de hǎi àn
就像是一条用黄金铺设的海岸;
nǐ bǎ dà hǎi fěn shuā de bì lán bì lán jiù xiàng
你把大海粉刷得碧蓝碧蓝,就像
yí kuài jīng yíng tī tòu de lán sè shuǐ jīng nǐ bǎ
一块晶莹剔透的蓝色水晶;你把

tiān kōng zhōng de yún cǎi fěn shuā de nà me jié bái
天 空 中 的 云 彩 粉 刷 得 那 么 洁 白，

jiù xiàng yì tiáo qīng róu piāo yì de bái shā jīn
就 像 一 条 轻 柔 飘 逸 的 白 纱 巾……

nǐ qiáo hǎi tān shàng de liǎng wèi xiǎo péng
你 瞧，海 滩 上 的 两 位 小 朋

you yuán xiān tā men shì nà yàng de bái kě nǐ bǎ
友，原 先 他 们 是 那 样 的 白，可 你 把

tā men fěn shuā de xiàng liǎng kuài yǒu hēi yǒu hēi de
他 们 粉 刷 得 像 两 块 黝 黑 黝 黑 的

yán shí duō me jiàn zhuàng de yán shí
岩 石。多 么 健 壮 的"岩 石"

tài yáng nǐ shì fěn shuā jiàng ma
太 阳，你 是 粉 刷 匠 吗?

（选自《小巴掌童话》，长江少年儿童出版社 2015 年 4 月版）

阅读点拨

太阳的本领可真大呀！因为它能给世间万物刷上各种漂亮的颜色——把沙滩刷得金黄金黄,把大海刷得碧蓝碧蓝,把云彩刷得洁白洁白,把海滩上的小朋友刷得黝黑黝黑……聪明的小朋友们,请你想一想：太阳真的是粉刷匠吗?

我 喜 欢

张 晓 风

我喜欢在春风中踏过窄窄的山径,草莓像精致的红灯笼,一路殷勤地张结着。

我喜欢抬头看树梢尖尖的小芽儿,极嫩的黄绿色中透着一派天真的粉红——它好像准备着要奉献什么,要展示什么。那柔弱而又生意盎然的风度,常在无言中教导我一些最美丽

de zhēn lǐ
的 真 理。

wǒ xǐ huan kàn yí kuài píng píng zhěng zhěng
我 喜 欢 看 一 块 平 平 整 整、

yóu yóu liàng liàng de yāng tián nà xì xiǎo de hé
油 油 亮 亮 的 秧 田。那 细 小 的 禾

miáo mì mì de pái zài yì qǐ hǎo xiàng yì zhāng
苗 密 密 地 排 在 一 起,好 像 一 张

duō róng de tǎn zi shì jí xǔ duō cuì qín de yǔ
多 绒 的 毯 子,是 集 许 多 翠 禽 的 羽

máo zhī chéng de tā zǒng shì jī fā wǒ xiǎng zài
毛 织 成 的,它 总 是 激 发 我 想 在

shàng miàn tǎng yi tǎng de yù wàng
上 面 躺 一 躺 的 欲 望。

(选自《张晓风美文系列》,浙江少年儿童出版社 2014 年版)

阅读点拨

　　这篇美文用诗一样的语言为我们展现了生活中的一幅幅优美画卷。三个"我喜欢",让我们感受到字里行间语言的律动。排比的句式、比喻的手法,让我们感到这样美妙的画面仿佛已出现在了眼前。

芙蓉花开

董洋

学校的芙蓉树开花了,它们无私地把香味细腻地洒满校园。

满树的花,像毛茸茸的小花伞;树下的娃娃绽开笑脸,像芙蓉花瓣。

咦,快来看,芙蓉树叶真漂亮:许多整齐的小叶片排列成一束,许多束集合成一枚大叶片。这些小叶片就像我们,那叶束就

shì wǒ men de bān jí　nà yì méi dà yè piàn jiù
是 我 们 的 班 级，那 一 枚 大 叶 片 就

shì wǒ men de xiào yuán　nà me　shù guān jiù shì
是 我 们 的 校 园。那 么，树 冠 就 是

wǒ men de guó jiā le
我 们 的 国 家 了。

wǒ jiǎn qǐ yí cù fú róng huā zhēn xī de
我 捡 起 一 簇 芙 蓉 花，珍 惜 地

jiā jìn shū yè yào bǎ wǒ de zhōng guó xīn shōu cáng
夹 进 书 页，要 把 我 的 中 国 心 收 藏，

ràng tā de fāng xiāng suí zhe zhī shi chuán bō sì fāng
让 它 的 芳 香 随 着 知 识 传 播 四 方。

(选自 2014 年 5 月 27 日《语文报》)

阅读点拨

　　文章由学校的芙蓉树开花写起，重点写了芙蓉树漂亮的叶子。作者由叶子联想到自己、班级、校园，最后联想到国家，表达了对祖国的热爱之情。

奶奶的太阳

鲁汉

星期天，我陪爸爸去看奶奶。奶奶的病刚好，我用轮椅推着奶奶出来晒太阳。太阳暖洋洋地照着大地，小鸟在树上欢快地歌唱。

奶奶心情好，要吃橙子。我飞快地跑进屋，拿出一个大脐橙，一边走，一边蹦跳着问奶奶，这个大橙子像什么。奶奶看看天上

wēn nuǎn de tài yáng xiào zhe shuō zhè chéng zi hóng
温 暖 的 太 阳，笑 着 说："这 橙 子 红

tóng tóng de xiàng tài yáng ba
彤 彤 的，像 太 阳 吧！"

hǎo wǒ bǎ tài yáng bāo kāi gěi nín chī
"好，我 把'太 阳'剥 开 给 您 吃！"

wǒ jiù dūn zài nǎi nai miàn qián yí bàn yí bàn de
我 就 蹲 在 奶 奶 面 前，一 瓣 一 瓣 地

bāo gěi nǎi nai chī nǎi nai chī de hěn kāi xīn xiào
剥 给 奶 奶 吃。奶 奶 吃 得 很 开 心，笑

de chéng zi zhī dōu cóng zuǐ jiǎo liú chū lái le
得 橙 子 汁 都 从 嘴 角 流 出 来 了。

chéng zi chī wán le wǒ yì pāi shǒu shuō
橙 子 吃 完 了，我 一 拍 手 说：

tiān shàng de tài yáng dōu ràng nín chī wán le nín
"天 上 的'太 阳'都 让 您 吃 完 了，您

de shēn tǐ jiù zhuàng le nǎi nai bǎ wǒ lǒu dào
的 身 体 就 壮 了。"奶 奶 把 我 搂 到

huái lǐ qīn le qīn wǒ shuō xiào shùn de sūn zi
怀 里，亲 了 亲 我，说："孝 顺 的 孙 子

cái shì wǒ chī bù wán de tài yáng
才 是 我 吃 不 完 的 太 阳。"

（选自《中国当代儿童文学精品》，长江文艺出版社 1994 年版）

阅读点拨

　　古人说,百善孝为先。文中的"我"用轮椅推奶奶晒太阳,给奶奶剥橙子吃,真是一个孝顺的好孩子。小朋友们,"奶奶的太阳"到底是什么呢? 奶奶为什么这样说呢? 快来读一读,想一想吧!

尖尖的草帽

金 波

　　下过一阵雨后,太阳又出来了。我看见一只蜻蜓在阳光里飞翔。它的翅膀亮得像镀着一层金子。

wǒ mī zhe yǎn jing kàn zhe tā fēi lái fēi qù
我眯着眼睛看着它飞来飞去。

tā yì diǎn yě bú pà wǒ　tā zhuī zhe wǒ fēi　wǒ
它一点也不怕我。它追着我飞。我

hǎo xiàng hái tīng dào le tā shān dòng chì bǎng de
好像还听到了它扇动翅膀的

shēng yīn
声音。

wǒ cāi xiǎng tā yí dìng shì xiǎng luò zài wǒ
我猜想：它一定是想落在我

de cǎo mào shàng tā yí dìng shì bǎ wǒ de cǎo mào
的草帽上；它一定是把我的草帽

dàng chéng yì jiān xiǎo cǎo fáng jiān jiān de wū dǐng le
当成一间小草房尖尖的屋顶了！

wǒ tíng zhù jiǎo bù　wǒ zài cǎo mào xià wēi
我停住脚步。我在草帽下微

xiào zhe　wǒ děng dài zhe tā luò zài wǒ jiān jiān de
笑着。我等待着它落在我尖尖的

cǎo mào shàng
草帽上。

ài　kě xī tā fēi zǒu le
唉！可惜它飞走了。

wǒ yòu xiǎng tā yí dìng shì méi kàn jiàn wǒ
我又想：它一定是没看见我

de wēi xiào yào bù　tā zhǔn huì fēi huí lái luò zài
的 微 笑，要 不，它 准 会 飞 回 来，落 在

wǒ jiān jiān de xiǎo cǎo mào shàng
我 尖 尖 的 小 草 帽 上。

（选自《春风带我去散步》，江苏少年儿童出版社 2010 年 12 月版）

阅读点拨

　　文中的"我"拥有一颗热爱大自然、热爱生命的美好心灵。小朋友们，我们也要和文中的孩子一样，爱护大自然，学会和大自然的动物们和谐相处。

cán dòu shuǐ lóng hé dòu gěng dí
蚕 豆 水 龙 和 豆 梗 笛

fēng zǐ kǎi
丰 子 恺

wǒ men de wǔ gē ge yě céng yòng tā de
我 们 的 五 哥 哥 也 曾 用 他 的

智力和技术来发明种种富有趣

味的玩意儿,我现在想起了还很

神往。暮春的时候,他领我到田

野去偷新蚕豆,把嫩的生吃了,而

用老的来做"蚕豆水龙"。其做法,

用煤头纸火把老蚕豆荚熏得半

熟,剪去其下端,用手一捏,荚里

的两粒豆就从下端滑出,再将

荚的顶端稍稍剪去一点,便成

一个小孔。然后把豆荚放在水里,

待它装满了水,以一手的指捏

住其下端而取出来,再以另一手

的指用力压榨豆荚，一条细长的

水带便从豆荚顶端的小孔内射

出。制法精巧的，射水可达一二

丈之远。

他又教我"豆梗笛"的做法：

摘取豌豆的嫩梗长约寸许，以一

端塞入口中轻轻咬嚼，吹时便

发"喈喈"之音。再摘取蚕豆梗的

下段，长约四五寸，用指爪在梗

上均匀地开几个洞，做成笛的

样子。然后把豌豆梗插入这笛的

一端，用两手的指随意启闭各

dòng ér chuī zòu qǐ lái   qí yīn wǎn rú wú qiāng zhī
洞 而 吹 奏 起 来, 其 音 宛 如 无 腔 之

duǎn dí
短 笛。

(选自《丰子恺散文精选》,浙江文艺出版社 2010 版,有改动)

阅读点拨

　　选文中的这个"五哥哥"可真够心灵手巧的,和他在一起玩儿,太有趣了! 用新蚕豆做"蚕豆水龙",做"豆梗笛",这些童年时代的小事多么有趣! 它们扮靓(liàng)了丰子恺爷爷的童年。

cuò zài nǎ lǐ
错 在 哪 里

é   ào xiè yè wá
〔俄〕奥 谢 叶 娃

miāo   yì zhī xiǎo māo kě lián de jiào zhe
"喵!" 一 只 小 猫 可 怜 地 叫 着,

它的身子紧贴着围墙，浑身的毛

都竖起来了。有一条狗对着它恶

狠狠地咆哮。在离小猫不远的地

方，有两个男孩站在那里，笑着

看会发生什么事情。

有位大婶从窗口看到这个

情景，马上跑出来，把狗赶开，生

气地对两个男孩喊道："你们太不

像话了！一点儿也不觉得难为

情吗？"

"有什么难为情的？我们什么

事也没有做！"两个男孩觉得奇怪。

cuò jiù cuò zài shén me yě méi zuò dà
"错 就 错 在 什 么 也 没 做！"大

shěn shēng qì de huí dá
婶 生 气 地 回 答。

（选自《中外儿童散文佳作导读》，语文出版社 1997 年版）

阅读点拨

　　这是一篇震撼心灵的美文。面对遇到危险的弱者(小猫)，我们到底应该像文中的两个小男孩一样什么也不做而冷漠地旁观，还是在我们的能力范围内及时伸出援手呢？小朋友们，善良的你应该有答案了吧！

我思我行

理解感悟

1. 读了童话故事《笨狗熊请客》,你知道笨狗熊所请的客人都没有到他家里来的原因是什么吗?

_____

_____

2. 在《尖尖的草帽》一文中,"我"为什么那么希望蜻蜓落在"我"的草帽上?

_____

_____

3. 《错在哪里》一文中的两个男孩什么也没做,可大婶却说他们"错就错在什么也没做"。你怎样理解大婶的说法?

_____

_____

实践拓展

1. 我和大人一起做。

读了科学童话《太阳光的颜色》,你是不是特别想知道为什么彩虹的七种颜色就是组成太阳光的颜色呢？在爸爸妈妈的指导下查找资料，了解这些科学知识。

2. 积极参加班级或学校组织的"美文诵读大赛""红领巾小书虫"等活动，并将美文中的好词、美句摘抄在积累本上，经常读一读。

阅读延伸

1.《非常小子马鸣加》(郑春华著)

《非常小子马鸣加》是我国著名儿童文学作家郑春华的畅销儿童文学作品，这是她专门为低年级学生创作的儿童生活故事。作家用细腻的笔触，为读者讲述了马鸣加的学校生活和成长经历。一个个小故事贴近孩子们的生活，写出了孩子们的心思。

2.《踢拖踢拖小红鞋》(金波著)

《踢拖踢拖小红鞋》是著名儿童文学作家金波精选的中短篇童话作品集。金波的童话带有浓郁的诗意和抒情气息，语言规范、优美。阅读这些幻想奇特的童话，像沐浴着温暖的春风，能够获得美的享受。

第三单元

从小就爱读古诗

　　"床前明月光,疑是地上霜。举头望明月,低头思故乡。"相信小朋友们都会背这首《静夜思》,也很喜欢读古诗、背古诗。古诗词是我国宝贵的文化遗产,是世界上独一无二的文化瑰宝。本单元我们会读到很多优美、有趣的古诗。

　　小朋友们,希望你们从小爱读古诗词,美美地读,大声地背,体会古诗的韵味。

春歌二十首（其一）

南朝乐府民歌

春风动春心，

流目瞩山林。

山林多奇采，

阳鸟吐清音。

【注解】

① 选自《乐府诗集》，中华书局 2014 年版。本诗出自《子夜四时歌》。《子夜四时歌》相传是晋代一位名叫子夜的女子创作的，包括春歌、夏歌、秋歌、冬歌。这首诗是春歌第一首。

② 流目：转动目光。

③ 瞩：注视。

④ 采：通"彩"。

⑤ 阳鸟：阳春三月的鸟。

阅读点拨

春天来了，万物复苏，山林换了新装，鸟儿愉快地歌唱。想象一下：每当春回大地，春风吹拂着你的脸，你的心情是不是也会非常愉悦？

咏 花 ①
yǒng huā

[唐] 陈 知 玄
táng chén zhī xuán

花 开 满 树 红，
huā kāi mǎn shù hóng

花 落 万 枝 空。
huā luò wàn zhī kōng

唯 余 一 朵 在，
wéi ② yú ③ yì duǒ zài

明 日 定 随 风。
míng rì dìng suí fēng

【注解】

① 选自《全唐诗》,天津古籍出版社 2014 年版。陈知玄,唐代著名文学家。

相传作这首诗的时候,陈知玄才 5 岁。

② 唯:只有。

③ 余:剩下。

阅读点拨

　　花儿开了,满树通红,花儿落了,所有的树枝都变得空空荡荡。只剩下那一朵花儿还开在树上,明天它也一定会随风飘落的。诗人真不简单,仅仅用了 **20** 个字,就让我们感受到花儿开放和花儿落了时的不同景象。

yí ài sì ①
遗 爱 寺

táng bái jū yì
〔唐〕白居易

nòng ② shí lín ③ xī zuò
弄 石 临 溪 坐,

xún huā rào sì xíng
寻 花 绕 寺 行。

shí shí wén④ niǎo yǔ
时 时 闻 鸟 语,

chù chù shì quán shēng
处 处 是 泉 声。

【注解】

① 选自《唐诗三百首》,商务印书馆 2015 年版。白居易,唐代著名诗人。

② 弄:在手里把玩。

③ 临:面对。

④ 闻:听见。

阅读点拨

　　诗人在小溪边坐着玩石子,微风吹来,花香扑鼻,于是他绕寺而行,漫步寻花。一路上,诗人不时听到小鸟的啼鸣声和泉水的叮咚声。与大自然亲密接触,让诗人感到心旷神怡。

古 谣 ①

[唐] 王 建

一东一西垄头水，

一聚一散天边霞。

一来一去道上 ② 客，

一颠一倒池中麻。

【注解】

① 选自《全唐诗》，天津古籍出版社 2014 年版。古谣：古代歌谣。王建，唐代
诗人。

② 道上：途中。

阅读点拨

　　这首诗写得真有趣！全诗用8个"一"字描写了东西流向的河水、分分合合的云霞、来来去去的行人和池中麻一颠一倒的倒影，丝毫不给人重复啰唆之感。既形象生动，又充满哲理。

送　兄①

[唐]七岁女

别路云初起，

离亭②叶正稀③。

所嗟④人异⑤雁，

不作一行飞。

【注解】

① 选自《唐诗·千古的绝唱》，三联书店 2006 年版。这首《送兄》作者不详，据传是唐代一个 7 岁的小女孩。

② 离亭：驿亭。古时人们常在这个地方举行告别宴会，古人往往于此送别。

③ 稀：少。形容树叶稀疏寥落的样子。

④ 嗟：感叹，叹息。

⑤ 异：不同于。

阅读点拨

　　哥哥要上路了，天边秋云初起，天色灰蒙蒙的；分别处的路亭周围，树叶纷纷飘落。令人叹息的是人跟空中飞翔的大雁不一样，不能一起排成一行飞向远方。小朋友，诗中表达出小女孩送别哥哥时依依不舍的深情，你感受到了吗？

咏 梧 桐①

[唐] 薛郧 薛涛

庭除② 一梧桐，

耸干③ 入云中。

枝迎南北鸟，

叶送往来风。

【注解】

① 选自《全唐诗》，天津古籍出版社 2014 年版。这是一首父女俩合写梧桐树的小诗。诗的前两行为父亲薛郧所写，后两行是女儿薛涛所续。相传当时女儿薛涛只有 9 岁。薛涛，唐代女诗人。

② 庭除：庭前的台阶，指庭院里。

③ 干：树干。

阅读点拨

　　庭院里一棵梧桐树,树干高高耸入云霄。树枝迎来南南北北的鸟儿,树叶送走来来往往的风儿。亲爱的小朋友,春末夏初,欣赏着小喇叭似的梧桐花,闻着那浓浓的香味,你一定也会忍不住赞美几句吧!

菊　花 ①
jú　　huā

[唐] 黄 巢
táng huáng cháo

待 到 秋 来 九 月 八 ,
dài dào qiū lái jiǔ yuè bā

我 花 开 后 百 花 杀 。②
wǒ huā kāi hòu bǎi huā shā

冲 天 香 阵 透 长 安 ,
chōng tiān xiāng zhèn③ tòu④ cháng ān

满 城 尽 带 黄 金 甲 。⑤
mǎn chéng jìn dài huáng jīn jiǎ

【注解】

① 选自《唐诗三百首》，人民文学出版社 1998 年版。本诗出自黄巢的《不第后赋菊》。黄巢（820—884），唐末农民起义领袖。黄巢善于骑射，5岁时便可对诗。

② 杀：凋谢；衰败。

③ 香阵：形容香气浓烈。

④ 透：遍及；弥漫。

⑤ 黄金甲：菊花的秀色，暗喻起义军的战服。

阅读点拨

这首诗用菊花傲霜盛开与百花遇霜凋谢进行对比，显示出菊花生机盎然的顽强生命力。此诗妙在，既写出了菊花迎霜怒放的品格，又借咏菊来形容势不可挡的起义军力量。

渡 汉 江 ①
dù hàn jiāng

[唐] 宋之问
táng sòng zhī wèn

岭 外 音 书 断，
lǐng wài yīn shū② duàn

经 冬 复 历 春。
jīng dōng fù③ lì chūn

近 乡 情 更 怯，
jìn xiāng qíng gèng qiè④

不 敢 问 来 人。
bù gǎn wèn lái rén⑤

【注解】

① 选自《全唐诗》，上海古籍出版社 1986 年版。汉江：汉水，长江最大支流，源出陕西，经湖北流入长江。宋之问，初唐时期著名诗人。

② 音书：音讯和书信。

③ 复：又，再。

④ 怯：胆小，害怕，没勇气。

⑤ 来人：渡汉江时遇到的从家乡来的人。

阅读点拨

　　诗人离开家乡很久了,怀着对家乡的深深思念之情赶回家乡,但越接近家乡,心情就越紧张,以致遇到同乡也不敢打听家乡的情况,因为担心听到坏的消息而伤了美好的愿望。

jiāng xíng wú tí① qí jiǔ shí bā
江行无题（其九十八）

táng qián xǔ
[唐] 钱 珝

wàn mù yǐ qīng shuāng②
万木已清霜,

jiāng biān cūn shì③ máng
江边村事忙。

gù xī④ huáng dào shú
故溪黄稻熟,

yí yè mèng zhōng xiāng
一夜梦中香。

【注解】

① 选自《唐诗三百首》，商务印书馆 2015 年版。诗人钱珝赴任抚州司马途中所作《江行无题》共一百首，这里选的是第九十八首。

② 清霜：寒霜；白霜。

③ 村事：农事。

④ 故溪：这里指诗人故乡的苕(tiáo)溪。

阅读点拨

　　诗人站立船头，目睹两岸万物洒上了一层薄霜，江边已是农事繁忙。诗人由此想到家乡稻熟的情景，眼前的景物使他对故乡无比思念。全诗四句，没有直接写思乡，但字里行间却流露出浓浓的思乡之情，诵读时要细细体会。

pù　　bù ①
瀑　布

táng shī jiān wú
[唐] 施 肩 吾

huō kāi ② qīng míng ③ diān ④
豁 开 青 冥 颠，

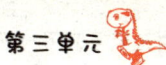

xiè chū wàn zhàng quán
泻 出 万 丈 泉 。

rú cái yì tiáo sù⑤
如 裁 一 条 素 ，

bái rì xuán qiū tiān
白 日 悬 秋 天 。

【注解】

① 选自《全唐诗》，上海古籍出版社 1986 年版。施肩吾，唐代诗人、道学家。

② 豁开：裂开。

③ 青冥：青色的天空。

④ 颠：顶。

⑤ 素：未染色的丝绸。

阅读点拨

诗人用丰富的想象、巧妙的比喻，把落差极大的高山飞瀑生动地描绘了出来。小朋友，当你到江西庐山、贵州黄果树、河南云台山……去观赏那里的瀑布时，这优美的诗句一定会启迪你的遐想，增添你的兴致！

勤 学①
qín xué

[宋] 汪洙
sòng wāng zhū

学 向 勤 中 得，
xué xiàng qín zhōng dé

萤 窗② 万 卷 书。
yíng chuāng wàn juàn shū

三 冬③ 今 足 用，
sān dōng jīn zú yòng

谁 笑 腹 空 虚。
shéi xiào fù kōng xū

【注解】

① 选自《唐诗宋词元曲》，线装书局 2014 年版。本诗节选自《神童诗》。《神童诗》相传是宋代观文殿大学士汪洙少年时所作。汪洙很有才华，9 岁时就会写诗，有"汪神童"之称。

② 萤窗：晋(jìn)人车胤(yìn)，家贫无钱买灯油，就捕捉许多萤火虫放在丝囊(náng)中，供夜读时照明。后世便常以萤窗、萤案比喻刻苦读书。

③ 三冬：像"三春""三秋"一样，指三年。

阅读点拨

学问是勤奋换来的,用萤火虫代替灯火也能读上万卷书。这样勤奋学习,学问也就有了,那时候谁还会笑话你没有学问呢? 小朋友,诗中的道理你懂了吗?

yì mǔ ①
忆 母

qīng ní ruì xuán
[清]倪瑞璇

hé guǎng nán háng mò wǒ guò ②
河 广 难 航 莫 我 过 ,

wèi zhī ān fǒu jìn rú hé
未 知 安 否 近 如 何 。

àn zhōng shí dī sī qīn lèi
暗 中 时 滴 思 亲 泪 ,

zhǐ kǒng sī ér lèi gèng duō
只 恐 思 儿 泪 更 多 !

【注解】

① 选自《清诗选》，人民出版社 1985 年版。

② 莫我过：我不能过河。

阅读点拨

　　小朋友们，你们知道孟郊的《游子吟》吗？这首诗与《游子吟》有着异曲同工之妙。如果哪一天我们远离家乡，一定会因为思念母亲而常常流泪，我们更应该想到，母亲思念孩子流的泪会更多！所以，我们从小就应懂得孝敬父母，回报父母给予我们的爱。

shān　　xíng ①
山　行

qīng shī rùn zhāng
[清] 施 闰 章

yě sì ② fēn qíng shù ③
野 寺 分 晴 树，

shān tíng guò ④ wǎn xiá
山 亭 过 晚 霞。

chūn shēn wú kè dào
春 深 无 客 到，

yí lù luò sōng huā⑤
一 路 落 松 花 。

【注解】

① 选自《历代绝句精华全解》，百花文艺出版社 2012 年 1 月版。

② 野寺：山野中的寺庙。

③ 晴树：晴空下的树林。这句是说寺庙在树林中间，把林子分开了。

④ 过：飘掠，飘过。

⑤ 松花：松树三月开花，四月凋谢。

阅读点拨

　　山上的树绿绿的，拥抱着山野中的寺庙，红红的晚霞从山亭顶上掠过，绿树、寺庙、晚霞组成了一幅美丽的画。山间小道上，诗人一个人一边闻着路边飘落的松花的香味，一边欣赏山中的美景。

我思我行

1. 小朋友们,诗句"待到秋来九月八,我花开后百花
杀。冲天香阵透长安,满城尽带黄金甲"是一则谜
语的谜面,你知道谜底是什么吗? 除了这首诗,你
还知道哪些谜语古诗? 试着查一查,写一写吧!

   (1)"待到秋来九月八,我花开后百花
   杀。冲天香阵透长安,满城尽带黄金甲"的谜底是＿＿＿＿＿
   ＿＿＿。

   (2) 谜语古诗还有《＿＿＿＿＿＿》和《＿＿＿
   ＿＿＿＿》。

2. 大声诵读《渡汉江》一诗,想一想,诗人为什么"近乡
情更怯,不敢问来人"? 说给爸爸妈妈听一听。

实践拓展

1. 我和大人一起做。

   本单元很多古诗描写的都是自然景物,这些景
物在诗人眼里是那样的和谐、美好。利用节假日和
爸爸妈妈一起去亲近大自然,感受大自然的雄奇壮
丽,同时吟诵与看到的景象相符合的古诗句。

2. 古诗中,有一部分是描写田园风光、农村景物的,如本单元中的《江行无题》《田园乐》等。下面我们做一个"买东西"的游戏。今天我们要购买的商品是有关农作物的诗句,请你把符合条件的诗句装进购物车吧,只要在横线上写下商品的序号就可以啦!

商品①:春种一粒粟,秋收万颗子。

商品②:明月松间照,清泉石上流。

商品③:故溪黄稻熟,一夜梦中香。

商品④:稻花香里说丰年,听取蛙声一片。

购物车:_____

阅读延伸

1. 《子夜四时歌》为南朝乐府民歌,收录在宋代郭茂倩所编的《乐府诗集》中,其中春歌二十首,夏歌二十首,秋歌十八首,冬歌十七首。

2. 《唐诗三百首》是一部流传很广的唐诗选集,收录了77位诗人的诗,共310首,是中小学生接触中国古典诗歌最好的入门书籍。

第四单元

蒙学经典我爱读

　　"人之初,性本善,性相近,习相远……""赵钱孙李,周吴郑王,诸葛东方,上官欧阳……""云对雨,雪对风……"小朋友们,这些音韵和谐、读来顺口的句子,你一定不陌生吧!它们分别出自古代蒙学经典《三字经》《百家姓》《声律启蒙》……古代儿童就是读着这些启蒙读物学习丰富的知识、懂得做人做事的道理的。

　　本单元我们会读到更多的蒙学经典选段。小朋友们可以试着在大声诵读中形成良好的语感,感受中华传统文化的魅力,学习丰富的知识。

亲师友,习礼仪 ①

〔宋〕王应麟

为人子,方少时,

亲师友,习礼仪。②

香九龄,能温席,③

孝于亲,所当执。④

融⑤四岁,能让梨。

弟⑥于长,宜先知。

【注解】

① 选自《三字经》,上海古籍出版社 2007 年版。题目为编者所加。《三字经》是中国传统的启蒙教材,包括中国传统文化中的文学、历史、哲学、天文地理、人伦义理、忠孝节义等。王应麟,南宋官员、学者。

② 礼仪：礼节仪态。

③ 香：黄香，东汉人。温席：暖床席。

④ 执：做到。

⑤ 融：孔融，东汉人。

⑥ 弟：通"悌(tì)"，敬爱兄长。

阅读点拨

　　小朋友们，这段《三字经》选文告诉我们，做儿女的，从小就要亲近老师和朋友，以便从他们那里学习到许多为人处世的礼节和知识。"香九龄，能温席"告诉我们要孝敬父母，"融四岁，能让梨"告诉我们要学会谦让。

yuē chūn xià　yuē qiū dōng ①
日 春 夏，日 秋 冬

sòng　wáng yìng lín
[宋] 王 应 麟

yuē chūn xià　yuē qiū dōng
日 春 夏，日 秋 冬，

cǐ sì shí ② yùn bù qióng ③
此 四 时 ，运 不 穷 。

yuē nán běi yuē xī dōng
曰 南 北 ，曰 西 东 ，

cǐ sì fāng yìng ④ hū zhōng ⑤
此 四 方 ，应 乎 中 。

【注解】

① 选自《三字经》，上海古籍出版社 2007 年版。题目为编者所加。曰：说；谈到。

② 四时：一年中春、夏、秋、冬四个季节，又称"四季"。

③ 运不穷：季节不断变化，春去夏来，秋去冬来，如此循环往复，永不停止。

④ 应：对应；照应。

⑤ 中：南北西东四个方向的聚合，称为中，也指中央。

阅读点拨

　　从这段选文可知，春、夏、秋、冬是一年中的四个季节，代表时间的变化；东、西、南、北、中代表空间的方位。看来，我们不仅能从《三字经》里学到做人做事的道理，还能从中学到关于自然和社会的丰富知识哦！

《百家姓》选读 ①
bǎi jiā xìng xuǎn dú

zhào qián sūn lǐ ②
赵 钱 孙 李，

zhōu wú zhèng wáng
周 吴 郑 王，

féng chén chǔ wèi
冯 陈 褚 卫，

jiǎng shěn hán yáng
蒋 沈 韩 杨，

zhū qín yóu xǔ
朱 秦 尤 许，

hé lǚ shī zhāng
何 吕 施 张，

kǒng cáo yán huà
孔 曹 严 华，

jīn wèi táo jiāng
金 魏 陶 姜。

【注解】

① 选自《三字线·百字姓·千字文》，上海古籍出版社 1988 年版。题目为编者所加。《百家姓》是一篇关于中国姓氏的文章。按文献记载，成文于北宋初，作者不详。

② 赵钱孙李：指"赵、钱、孙、李"这四种姓氏。

阅读点拨

　　《百家姓》采用四言体例，句句押韵，读来顺口。虽然它的内容没有文理，但在对中国姓氏文化的传承以及让人们提升对中国汉字的认识等方面都起了巨大作用，这也是它能够流传千百年的一个重要因素。这里选的是开头的八句，找一找，其中有没有你的姓？

tiān dì xuán huáng ①
天 地 玄 黄

nán cháo zhōu xīng sì
[南 朝] 周 兴 嗣

tiān dì xuán huáng　　yǔ zhòu hóng huāng ②
天 地 玄 黄, 宇 宙 洪 荒。

rì yuè yíng zè ③ chén xiù liè zhāng
日 月 盈 昃, 辰 宿 列 张。

hán lái shǔ wǎng ④ qiū shōu dōng cáng
寒 来 暑 往, 秋 收 冬 藏。

rùn yú chéng suì　　lǜ lǚ ⑤ tiáo yáng ⑥
闰 余 成 岁, 律 吕 调 阳。

yún téng zhì yǔ　　lù jié wéi shuāng
云 腾 致 雨, 露 结 为 霜。

【注解】

① 选自《千字文》,商务印书馆 2015 年版。题目为编者所加。周兴嗣,南
朝大臣、史学家。

② 洪荒:无边无际、混沌蒙昧的状态,指远古时代。

③ 盈:月光圆满。昃:太阳西斜。

④ 寒来暑往：这里指四季更替循环。

⑤ 律吕：律管和吕管，中国古代用竹管制成的校定音律的一种设备。

⑥ 调阳：这里指用律吕来调和阴阳，使时序不至于紊(wěn)乱。

阅读点拨

　　《千字文》是我国古代重要的蒙学读物,这里节选的是第一部分的前五句,说的是有了天地,就有了日月、星辰、云雨、霜雾和四时寒暑的变化,天地之间也就出现了人和时代的变迁。小朋友们,诵读《千字文》可以让我们从中学到很多的知识哦!

zēng guǎng xián wén ① xuǎn dú
《增 广 贤 文》选 读

qīng zhōu xī táo
[清] 周 希 陶

yáng yǒu guì rǔ zhī ēn　　yā yǒu fǎn bǔ zhī yì ②
羊 有 跪 乳 之 恩,鸦 有 反 哺 之 义 。

shàn yǔ rén jiāo ③ jiǔ ér néng jìng
善 与 人 交 ，久 而 能 敬；

guò zé xiāng guī ④ yán ér yǒu xìn
过 则 相 规 ，言 而 有 信 。

yì nián zhī jì zài yú chūn yí rì zhī jì zài yú yín ⑤
一 年 之 计 在 于 春，一 日 之 计 在 于 寅；

yì jiā zhī jì zài yú hé yì shēng zhī jì zài yú qín
一 家 之 计 在 于 和，一 生 之 计 在 于 勤。

【注解】

① 选自《增广贤文》，中华书局 2017 年版。周希陶，清代学者。

② 羊有跪乳之恩，鸦有反哺之义：小羊因感激母亲生养的恩情而跪着吃
奶，称"跪乳"；乌鸦长大后，反过来哺养老乌鸦，是为了报答母亲养育
的恩情，称"反哺"。

③ 交：交往。

④ 规：规劝。

⑤ 寅：寅时（旧式计时法，指夜里三点钟到五点钟的时间）。

阅读点拨

　　《增广贤文》是我国古代一部著名的儿童读物。书中收录了许多格言警句,讲了许多为人处世的道理。这里选择的其中三句话,用格言警句告诉我们,从小就要孝敬父母、诚信友善、珍惜时间。小朋友们,让我们把这些中华传统美德发扬光大吧!

天对地,雨对风 ①

[清] 李 渔

天对地,雨对风。

大陆对长空。

山花对海树, ②

chì　rì　duì　cāng qióng ③
赤 日 对 苍 穹 。

léi yǐn yǐn 　wù méng méng
雷 隐 隐 ，雾 朦 朦 ，

rì　xià ④ duì tiān zhōng
日 下 对 天 中 。

fēng gāo qiū yuè bái
风 高 秋 月 白 ，

yǔ 　jì ⑤ wǎn xiá hóng
雨 霁 晚 霞 红 。

【注解】

① 选自《笠翁对韵精解》，人民文学出版社 2009 年版。本节出自《笠翁对韵·东》，题目为编者所加。《笠翁对韵》是从前人们学习写作近体诗、词，用来熟悉对仗、用韵、组织词语的启蒙读物。东：指"东韵"，本节选文押"ong"韵。李渔，明末清初文学家、学者。

② 海树：指大海里的珊瑚（shān hú）。

③ 苍穹：天空。

④ 日下：太阳落下山去。

⑤ 雨霁：雨后转晴。

阅读点拨

　　小朋友们,《笠翁对韵》是没有译文的,因为它本来就是教如何对偶的,翻译了就不是对偶了。本节选文中的对偶句,不仅能让我们在诵读中感受对偶句的韵律美,从而得到字、词、句等方面的训练,还能让我们感受到大自然的神奇瑰丽。

yún duì yǔ　xuě duì fēng ①
云 对 雨, 雪 对 风

qīng chē wàn yù
[清] 车 万 育

yún duì yǔ　xuě duì fēng
云 对 雨, 雪 对 风,

wǎn zhào duì qíng kōng
晚 照 对 晴 空。

lái hóng ② duì qù yàn
来 鸿 对 去 燕,

sù niǎo duì míng chóng
宿 鸟 对 鸣 虫 。

sān chǐ jiàn liù jūn gōng ③
三 尺 剑 ，六 钧 弓 ，

lǐng běi duì jiāng dōng
岭 北 对 江 东 。

rén jiān qīng shǔ diàn ④
人 间 清 暑 殿 ，

tiān shàng guǎng hán gōng ⑤
天 上 广 寒 宫 。

liǎng àn xiǎo yān yáng liǔ lù
两 岸 晓 烟 杨 柳 绿 ，

yì yuán chūn yǔ xìng huā hóng
一 园 春 雨 杏 花 红 。

【注解】

① 选自《声律启蒙》，中华书局 2014 年版。本节出自《声律启蒙·东》，题
  目为编者所加。车万育，清朝学者。

② 鸿：大雁。

③ 六钧弓："钧"是我国古代的重量单位，一钧约合 15 千克。"六钧弓"指
  强弓。

④ 清暑殿：宫殿名，在洛阳宫中有清暑殿。

⑤ 广寒宫：中国古代神话传说中位于月球的宫殿。

阅读点拨

　　聪明的小朋友们,读了本节选文,请说一说,《声律启蒙・东》与前面读过的《笠翁对韵・东》都押什么韵? 这些对偶句对仗工整、节奏明快、声调和谐、简练易懂,很适合小朋友们诵读哦!

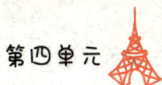

我思我行

理解感悟

1. 《三字经》中的句子"香九龄,能温席,孝于亲,所当执"和《增广贤文》中的格言"羊有跪乳之恩,鸦有反哺之义"说的都是要将哪一种中华传统美德发扬光大?

   _____

2. 阅读蒙学经典,不仅能使我们受到中华传统美德教育,还能让我们从中学到不少知识。读了本单元选文后,请说说"三才""四时""四方""五星""七政"分别指什么?

   三才:_____ 四时:_____ 四方:_____

   五星:_____ 七政:_____

实践拓展

1. 我和大人一起做。

   在爸爸妈妈的指导下读一读《百家姓》全文,在里面找到你的姓,如果有兴趣,请在爸爸妈妈的帮助下查一查你的姓的由来。

2. 读了《笠翁对韵》和《声律启蒙》,小朋友们一定对"对联"这种汉语言所特有的艺术形式产生了浓厚的兴趣,请和家长一起搜集、欣赏历史上的名联,并利用过春节的时间读一读各家各户贴的春联,进一步感受中华传统文化的博大精深。

(1) 我最喜欢的一副名联:

_____

(2) 我最喜欢的一副春联:

_____

阅读延伸

1. 《三字经》《百家姓》《千字文》是三部影响大、流行广的启蒙读物。8 岁以下儿童,先读《三字经》以习见闻,读《百家姓》以便日用,读《千字文》以明义理。

2. 《笠翁对韵》《声律启蒙》是帮助儿童熟悉对仗、用韵、组织词语的启蒙读物,内容丰富,从单字对到双字对、三字对、五字对、七字对、十一字对,声韵协调,朗朗上口,儿童可从中得到语音、词汇、修辞的训练。

出版说明

　　"推动全民阅读，构建书香社会"已成为当前我国文化发展战略的重要组成部分，对建设社会主义文化强国，增强国家软实力和文化自信，实现中华民族伟大复兴的中国梦具有重要意义。为了落实中央的指示精神，助推全民阅读，满足广大中小学生的阅读需求，我们特组织编写了这套"全民阅读·阶梯文库"。

　　分级阅读是国际上比较流行的一种阅读理念，比如蓝思分级法、A～Z分级法等，我国古代也有"少不看《水浒》，老不看《三国》"之说。那么，怎样把合适的读物，在适当的时候，用适宜的方式推荐给适合的读者呢？这不仅需要社会责任感、理性公允心、文化担当与服务精神，也需要精准的辨识眼光与深厚的人文素养，因而也一直是我国教育出版界的"老大难"问题。这套"全民阅读·阶梯文库"就是我们对阶梯阅读所做的一个积极尝试。

　　本文库努力体现全民阅读理念，以培养现代公民综合素养为宗旨，为青少年打下"精神的底子"，系好人生的"第一粒纽扣"。文库按学前段、小学段、初中段和高中段进行编写，以各年龄段读者的心智特点与认知水平为划分依据，旨在体现阶梯阅读层级，激发阅读兴趣，养成阅读习惯，掌握阅读方法，丰富人文底蕴。学前段突出亲子阅读与图画阅读，重在培养好奇心与亲切感；小学段体现以儿童文学为主的综合阅读，重在培养对汉语言文字的亲近感；初中段分传统文化、科普科幻和文学三个分卷，重在培养对传统文化和文学作品的理解欣赏能力，提升科学素养；高中段分传统文化与科普科幻两个分卷，重在培养理解分析能力以及质疑探究能力。

当前，中国特色社会主义已进入新时代。作为教育出版工作者，我们无疑负有新时代文化传承与传播的神圣使命。这套"全民阅读·阶梯文库"在内容选择、精准阐释与价值传播上都做了一些探索，希望通过阶梯阅读的形式，推动全民阅读，倡导经典阅读与有价值的阅读。

本套书选文的作者多数我们已取得联系，部分未能联系上的作者，我们已委托中国文字著作权协会代付稿酬，敬请这些作者通过以下联系方式领取稿酬：

联系电话：010‐65978905/06/16/17　转 836